Jochen Fischer · Gottfried Stoppel

Einfach lecker!

Die 33 berühmtesten schwäbischen Spezialitäten

 SILBERBURG

Vorwort

Es ist erfreulich, dass sich die Menschen mehr denn je dafür interessieren, was sie essen. Erfreulich auch deshalb, weil damit die Herkunft der Lebensmittel, ihre Erzeugung und Verarbeitung in den Blick rückt. Dieser Sinn für Qualität schlägt den Bogen zur Regionalität, denn was vor Ort hergestellt wird, kann am frischesten auf den Tisch kommen.

Davon profitiert auch die Wiederentdeckung der Regionalküche. Zwar ist Fast Food heute praktisch rund um die Uhr und in allen erdenklichen Spielarten frei Haus erhältlich, doch hat das etwas mit Genuss und gutem Essen zu tun? Eher nicht. Die gute Gastronomie steuert diesem Trend entgegen und kocht mit regionalen Produkten, deren Herkunft zum Qualitätsmerkmal geworden ist.

Das können wir auch zu Hause tun. Die schwäbische Küche ist eine Entdeckungsreise in den eigenen vier Wänden wert. Schwäbisch zu kochen und zu backen, ist keine luxuriöse Sache – die hiesige Küche ist in ihren Wurzeln einfach und bodenständig. So wohlhabend die Menschen in Baden-Württemberg heute sind, so karg war das Leben der kleinen Leute früher. Das merkt man den schwäbischen Klassikern an: Sie sind geradlinig, ehrlich und kommen mit einfachen Zutaten aus.

Die schwäbische Regionalküche ist sehr eigenständig. Hausgemachte Teigwaren, die Spätzle, spielen nur hier im Südwesten eine tragende Rolle. In Kombination mit Linsen kennt man Spätzle wirklich nur links und rechts des Neckars. Gleiches gilt für die Maultaschen: Gefüllte Teigtaschen gibt es zwar auch in anderen Kochkulturen, doch in Deutschland haben die Schwaben damit eine Sonderstellung. Ebenso besonders ist die Zubereitungsart von Gemüse, Kutteln oder Linsen in einer säuerlich abgeschmeckten, sämigen, braunen Sauce. Man muss diese Klassiker probiert haben, um die schwäbische Lebensart zu verstehen, die sich in ihrer Kulinarik widerspiegelt.

Lassen Sie sich also einladen in den schwäbischen Kosmos des Genießens, Kochens und Backens. Es gibt in diesem A-Z der Küchenkultur viel zu entdecken!

Unser besonderer Dank gilt Bäckermeister Bernd Krötz und Küchenmeister Walter Siebert, die ihr routiniertes Können für das Ausarbeiten und Zubereiten der Klassiker-Rezepte dieses Buches eingebracht haben.

Inhalt

Allgäuer Käsesuppe

Das Allgäuer Gschmäckle dieser Suppe kommt vom verwendeten Käse. Man nimmt Allgäuer Emmentaler, der mindestens drei Monate in der Käserei reift. Oder den etwas würzigeren, vier Monate gereiften Bergkäse.

FÜR 4 PERSONEN

ZUBEREITUNGSZEIT: 35 MINUTEN

3 EL Butter

2 EL Weizenmehl (Type 405)

1 l warme Fleisch- oder Gemüsebrühe (alternativ 750 ml Brühe und 250 ml halbtrockener Riesling)

1 Knoblauchzehe

1 Stange Lauch

2 Frühlingszwiebeln

150–200 g Allgäuer Emmentaler (alternativ Bergkäse)

2 Scheiben Toastbrot

Salz, frisch gemahlener weißer Pfeffer, Muskat

1 2 EL Butter in einem Topf bei mittlerer Temperatur schmelzen lassen. Das Mehl zugeben, gut vermengen und anschwitzen, ohne dass das Mehl Farbe nimmt. Die Brühe zugießen und unter Rühren zum Kochen bringen. Gründlich glatt rühren und 15–20 Minuten bei niedriger Temperatur köcheln lassen. Dabei gelegentlich rühren.

2 Den Knoblauch abziehen und fein hacken, Lauch und Frühlingszwiebeln putzen und die weißen Teile in feine Scheiben schneiden. Vom Frühlingszwiebelgrün einige Röllchen schneiden und für die Garnitur beiseitelegen. Den Käse reiben.

3 ½ EL Butter in einer Pfanne bei mittlerer Temperatur schmelzen lassen. Knoblauch, Lauch und Frühlingszwiebeln darin glasig anschwitzen. Den Pfanneninhalt zur Suppe geben und weitere 10 Minuten mitköcheln lassen. 150 g vom geriebenen Käse in die Suppe geben und darin schmelzen lassen. Mit dem Schneebesen kräftig glatt rühren, bis die Suppe sämig ist. Nach Belieben etwas Käse dazugeben, bis die Suppe die gewünschte Konsistenz hat.

4 Die Toastbrotscheiben würfeln und mit der restlichen Butter in einer Pfanne goldbraun rösten. Die Suppe mit Salz, Pfeffer, Muskat und nach Belieben mit Weißwein abschmecken.

5 Die Suppe in Schälchen portionieren und mit Brotwürfeln und Frühlingszwiebelgrün garniert servieren.

Brotsuppe

Früher auf dem Land war diese Suppe eine beliebte Art, altbackenes Brot schmackhaft zu verwerten. Mit Blattgemüsen der Saison und etwas Sahne wird sie geschmacklich und optisch noch aufgewertet.

FÜR 4 PERSONEN
ZUBEREITUNGSZEIT: 40 MINUTEN

1 Knoblauchzehe

2 Zwiebeln

200 g altbackenes Brot

1 EL Butter

1 l Fleisch- oder Gemüsebrühe

1 Kräutersträußchen
(1 Stängel Majoran, 1 Zweig Thymian,
1 Zweig Oregano und 1 Lorbeerblatt)

100 g Blattspinat

100 g saisonales Blattgemüse
(z. B. Bärlauch,
Brennnessel, Mangold ...)

2 EL Crème fraîche

200 g süße Sahne

Salz, frisch gemahlener weißer Pfeffer,
Muskat

1   Den Knoblauch und die Zwiebeln abziehen und fein hacken. Das Brot zerkrümeln. Die Butter in einem großen Topf bei mittlerer Temperatur erhitzen und Knoblauch und Zwiebeln darin glasig anschwitzen. Das Brot zugeben und mit der Brühe aufgießen. Das Kräutersträußchen hinzufügen und bei niedriger Temperatur 30 Minuten köcheln lassen.

2   In der Zwischenzeit die beiden Blattgemüse putzen, waschen und trocken schütteln. Leicht gesalzenes Wasser in einem großen Topf zum Kochen bringen und die Blattgemüse darin 1 Minute blanchieren. Herausnehmen, in Eiswasser abschrecken und in einem Sieb abtropfen lassen. Etwas für die Garnitur fein hacken und beiseitestellen.

3   Das Kräutersträußchen entfernen und die Suppe mit einem Stabmixer fein pürieren. Die Crème fraîche vorsichtig einrühren, und nochmals kurz aufkochen. Warm halten.

4   Die blanchierten Gemüse mit der Sahne in einem Mixer pürieren und unter die Suppe rühren. Damit das Grünzeug sein frisches Aussehen behält, sollte die Suppe nicht mehr kochen. Mit Salz, Pfeffer und Muskat abschmecken.

5   Die Brotsuppe auf tiefen Tellern anrichten und mit fein gehacktem Blattgemüse garniert servieren.

Dampfnudeln

Die Beilage aus Hefeteig ist heute fast nur als Süßspeise geläufig. Früher hat man sie auch zu herzhaften Gerichten wie Kraut oder Ragout gereicht. Selbst gemacht schmecken Dampfnudeln am besten. Die Kochkunst besteht darin, dass die goldbraune Kruste an der Unterseite gelingt.

FÜR 4 PERSONEN

ZUBEREITUNGSZEIT: 1 ½ STUNDEN (INKL. TEIGRUHE)

MATERIAL

Küchenthermometer

hohe, antihaftbeschichtete Pfanne mit Deckel

FÜR DEN TEIG

500 g Weizenmehl (Type 405)

250 ml lauwarme Milch

30 g frische Hefe

25 g Zucker

Salz

100 g weiche Butter

2 Eier, zimmerwarm

Mark einer
½ Vanilleschote (optional)

ZUM DÄMPFEN

150 ml Milch

50 g Butter

25 g Zucker

Salz

1 Für den Teig das Mehl in eine Schüssel sieben und eine Mulde in die Mitte drücken. Die Milch auf 30 °C erwärmen und in eine Tasse geben. Die Hefe und 1 Prise Zucker darin auflösen und in die Mulde gießen. Alles gut vermengen. Die Schüssel mit einem Tuch abdecken und an einem warmen Ort 20 Minuten ruhen lassen.

2 Die übrigen Zutaten zugeben und mit den Knethaken des Handrührgeräts zu einem geschmeidigen, glatten Teig rühren. Abdecken und 30 Minuten ruhen lassen.

3 Den Teig auf einer bemehlten Arbeitsfläche zusammenkneten, halbieren, 2 gleich dicke Rollen daraus formen und die Rollen in je 6 Stücke schneiden. Aus den Stücken mit bemehlten Händen Kugeln formen und diese auf einer bemehlten Unterlage abgedeckt erneut etwas aufgehen lassen.

4 Zum Dämpfen die Milch, die Butter, den Zucker und eine Prise Salz in der beschichteten Pfanne aufkochen und die Teigkugeln dicht nebeneinander einlegen. Die Flüssigkeit sollte bis zur halben Höhe der Kugeln reichen. Den Deckel gut auflegen, damit kein Dampf entweicht. Der Deckel darf beim Garen nicht geöffnet werden, sonst fallen die Nudeln zusammen. Die Nudeln bei mittlerer Temperatur etwa 30 Minuten dämpfen. Es braucht ein wenig Übung und ein feines Gehör, den Garpunkt zu treffen: Ist die Flüssigkeit verdampft, beginnt es am Pfannenboden leise zu knistern, und die Kruste bildet sich. Je nach Belieben goldbraun oder dunkelbraun werden lassen.

5 Die Dampfnudeln mit dem Pfannenwender herausstechen und mit einer Dessertsauce servieren.

VARIANTE Als Beilage für ein pikantes Saucengericht Zucker und Vanilleschote weglassen.

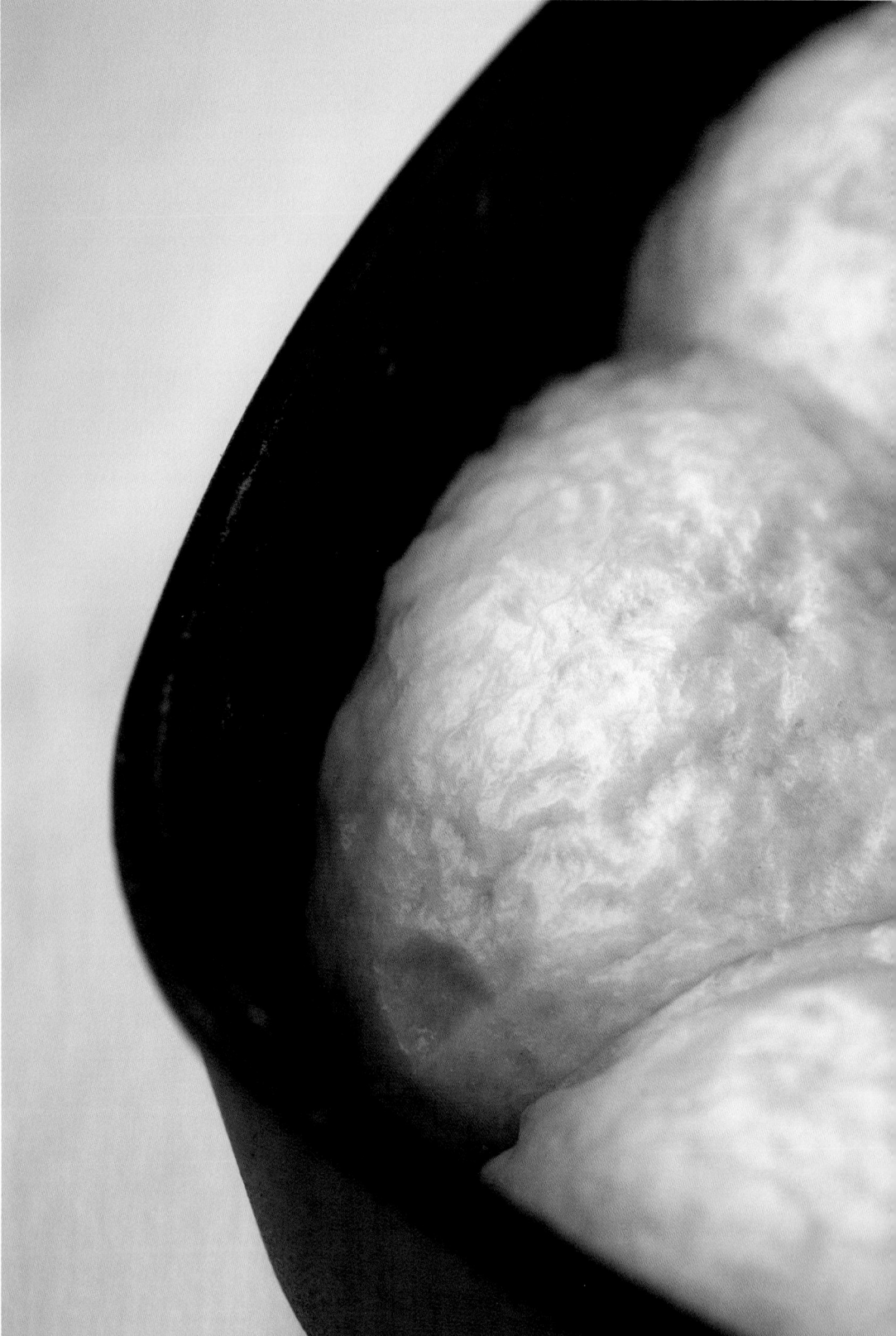

Dinnete

Man könnte sagen, sie ist eine schwäbische Pizza. Dinneten, die Wortherkunft ist „dünn", wurden früher beim Brotbacken im Holzofen nebenbei hergestellt. Ein flaches Stück Teig diente vor dem Einschieben der Brote als Test für die richtige Ofenhitze. Übrig gebliebener Teig wurde nach dem Backen, während die Brote auskühlten, belegt und als kleine Mahlzeit in der Restwärme gebacken.

FÜR 10 DINNETEN

ZUBEREITUNGSZEIT: 2 STUNDEN (INKL. TEIGRUHE)

MATERIAL

Küchenthermometer

2 Backbleche

FÜR DEN TEIG

500 g Dinkelmehl (Type 630)

30 g frische Hefe

350 g Buttermilch

30 g getrockneter Weizensauerteig (in Reformhäusern und Onlineshops erhältlich)

20 g Butterschmalz

10 g Salz

FÜR DEN BELAG

100 g Crème fraîche

100 g Sauerrahm (10 % Fett)

20 g Weizenmehl (Type 405)

Salz, frisch gemahlener weißer Pfeffer

Speck- oder Käsewürfel
Kümmelsamen, Frühlingszwiebeln
(optional)

1 Für den Teig 60 g Mehl in eine Rührschüssel sieben und eine Mulde in die Mitte drücken. 60 ml lauwarmes Wasser und die Hefe in einer Tasse verrühren und in die Mulde gießen. Alles gut vermengen. Die Schüssel mit einem Tuch abdecken und an einem warmen Ort 30 Minuten ruhen lassen.

2 Die Buttermilch auf 30 °C erwärmen und mit den übrigen Zutaten für den Teig dazugeben. Mit den Knethaken des Handrührgeräts etwa 8 Minuten zu einem mittelfesten, geschmeidigen Teig kneten. Abdecken und 45 Minuten ruhen lassen.

3 Den Teig in 10 gleich große Stücke teilen und die Stücke auf einer bemehlten Arbeitsfläche zu Kugeln rollen. Abdecken und 20 Minuten ruhen lassen.

4 Den Backofen mit den Backblechen auf 230 °C (Umluft) vorheizen.

5 Die Teigkugeln länglich ausrollen und in der Mitte etwas dünner drücken oder vom Rand her ziehen. Die Fladen sollen 25 cm lang und in der Mitte 10 cm breit werden. Vier Backpapiere in Größe der Bleche auf die Arbeitsfläche legen, die Fladen darauf verteilen und 10 Minuten ruhen lassen.

6 Für den Belag die Crème fraîche, den Sauerrahm und das Mehl in einer Schüssel verrühren und mit Salz und Pfeffer abschmecken.

7 Die Masse von der Mitte aus dünn auf den Fladen verstreichen. Nach Belieben Speck- oder Käsewürfel und/oder Kümmel und/oder Frühlingszwiebeln darüber verteilen. Nicht zu dick belegen, im Geschmacksmittelpunkt steht der kross gebackene Teig.

8 Zum Einschieben in den Ofen ist man am besten zu zweit: Der/die Eine holt eines der heißen Bleche aus dem Ofen und hält es an die Kante der Arbeitsfläche, der/die Andere zieht das Backpapier mit den Fladen aufs Blech.

9 Zur Dampferzeugung im Ofen eine halbe Tasse Wasser auf den Backofenboden schütten. Die Dinneten 12–15 Minuten backen, bis sie mittel- bis kräftig braun sind.

Eingemachtes Kalbfleisch

Wer gekochtes Fleisch und helle Saucen mag, wird von der Schwäbischen
Küche mit dieser Spezialität bedient. Das Praktische daran: Die
Kochbrühe ist zugleich die Basis für die cremige, mehlgebundene und
feinsäuerlich abgeschmeckte Sauce.

FÜR 4 PERSONEN
ZUBEREITUNGSZEIT: 1 STUNDE

FÜR DAS FLEISCH

1 Karotte

½ Stange Lauch

¼ Knolle Sellerie

1 Zwiebel

800 g Kalbfleisch aus dem Bug

2 Scheiben von
1 unbehandelten Zitrone

3 EL Petersilie, fein gehackt

1 TL weiße Pfefferkörner

1 Lorbeerblatt

2 Gewürznelken

FÜR DIE SAUCE

3 EL Butter

2 EL Weizenmehl (Type 405)

125 ml trockener Weißwein

200 g süße Sahne

Salz, frisch gemahlener weißer Pfeffer,
Muskat

einige Spritzer Zitronensaft

1 Das Suppengemüse waschen, putzen und grob würfeln. Die Zwiebel abziehen, halbieren und die eine Hälfte mit dem Lorbeerblatt und den Gewürznelken spicken. Das Fleisch in 3 cm große Würfel schneiden.

2 1 l Wasser in einem Topf zum Kochen bringen und leicht salzen. Das Gemüse, das Fleisch, die Zitronenscheiben und die Gewürze dazugeben und bei niedriger Temperatur 30–40 Minuten köcheln lassen, bis das Fleisch weich ist. Fleischwürfel herausfischen und den Sud durch ein feines Sieb in ein geeignetes Gefäß abgießen.

3 Für die Sauce die Butter in einem großen Topf erhitzen und das Mehl unterrühren. Sobald das Mehl beginnt, leicht Farbe zu nehmen, 500 ml des noch warmen Suds, den Weißwein und die Sahne angießen und mit dem Schneebesen gründlich glatt rühren. Aufkochen und bei niedriger Temperatur 15 Minuten köcheln lassen. Gelegentlich rühren, damit sich kein Mehl am Topfboden ansetzt. Mit Salz, Pfeffer, Muskat, eventuell nochmals etwas Weißwein und Zitronensaft abschmecken, das Fleisch zugeben und 5 Minuten erwärmen. Die klassische Beilage zu Eingemachtem Kalbfleisch sind breite Nudeln.

Gaisburger Marsch
mit Kalbfleisch

Wie das Gericht zu seinem heutigen Namen kam, lässt sich nicht mehr sicher klären. In vielen Landesteilen ist der Gaisburger Marsch ganz einfach als „Kartoffelschnitz und Spatzen" bekannt. Reichlich Fleisch ist wohl erst in neuerer Zeit dabei, hier wird er fein mit Kalbfleisch zubereitet. Ebenso lecker gelingt er mit Stücken vom Ochsenschwanz, die den Vorteil haben, Fleisch und Suppenknochen an einem Stück zu liefern.

FÜR 4 PERSONEN

**ZUBEREITUNGSZEIT:
FLEISCHBRÜHE 2 STUNDEN,
FERTIGSTELLEN 45 MINUTEN**

FÜR DIE FLEISCHBRÜHE

500 g Kalbfleisch
aus Bug oder Schulter

300 g Markknochen
vom Kalb

1 Zwiebel

1 Lorbeerblatt

2 Gewürznelken

2 Karotten

¼ Knolle Sellerie

1 Stängel Liebstöckel

250 g festkochende Kartoffeln

250 g frische Spätzle (Seite 102)

Salz, frisch gemahlener weißer Pfeffer,
Muskat

1 EL Petersilie, fein gehackt

1 Für die Fleischbrühe das Kalbfleisch und die Markknochen gründlich unter fließendem Wasser waschen und in 2 l leicht gesalzenem Wasser in einem großen Topf kalt aufsetzen. Das Fleisch soll komplett vom Wasser bedeckt sein. Die Zwiebel abziehen und halbieren. Die eine Hälfte mit dem Lorbeerblatt und den Gewürznelken spicken und zur Brühe geben. Die andere Zwiebelhälfte beiseitestellen. Karotten und Sellerie waschen, putzen und schälen. Die Schalen zur Brühe geben, die geschälten Gemüse beiseitestellen. Die Brühe bei aufgelegtem Deckel aufkochen und den aufwallenden Schaum abschöpfen, sobald er sich verfestigt hat. Dann den Deckel abnehmen und die Brühe 2 Stunden bei niedriger Temperatur köcheln lassen. 15 Minuten vor Ende der Kochzeit den Liebstöckel zugeben.

2 Das Fleisch herausnehmen, abkühlen lassen und mundgerecht würfeln, Fettreste und Sehnen entfernen. Die Brühe durch ein Sieb in einen anderen Topf gießen. Karotten und Sellerie fein würfeln und dazugeben. Die Brühe bei niedriger Temperatur 15 Minuten köcheln lassen.

3 Die Kartoffeln schälen, mundgerecht würfeln und in die Brühe geben. Weitere 20 Minuten köcheln lassen. 5 Minuten vor Ende der Kochzeit das Fleisch und die Spätzle zugeben.

4 Die halbe Zwiebel fein hacken und in Butterschmalz goldbraun rösten.

5 Den Gaisburger Marsch mit Salz, Pfeffer und Muskat abschmecken, auf vorgewärmten Tellern anrichten und mit Röstzwiebeln und Petersilie garniert servieren.

Gefüllte Kalbsbrust

Ein Klassiker für große Festtage, weshalb hier ein Rezept für acht Portionen angegeben ist. Ein kleineres Stück dieses Schmorgerichts lässt sich nicht sinnvoll zubereiten. Die gefüllte Kalbsbrust ist eigentlich ein Alles-in-einem-Gericht: außen herum der feine Kalbfleischgeschmack, innen die Füllung als Beilage, und beim Schmoren im Ofen entsteht aus den Fleischsäften ein kräftiger Saucenansatz.

FÜR 8 PERSONEN

ZUBEREITUNGSZEIT: 2 STUNDEN, DAVON 1 ½ STUNDEN GARZEIT

MATERIAL

Küchengarn und Nadel

FÜR DIE FÜLLUNG

4 altbackene Brötchen

250 ml Milch

2 Zwiebeln

1 EL Butter

3 EL Petersilie, fein gehackt

4 Eier

Salz, frisch gemahlener weißer Pfeffer, Muskat

2 kg Kalbsbrust
(vom Metzger eine Tasche
zum Füllen schneiden lassen)

FÜR DIE SAUCE

2 Karotten

¼ Knolle Sellerie

3 Zwiebeln

1 Knoblauchzehe

3 EL Butterschmalz

2 Lorbeerblätter

5 Wacholderbeeren

1 Gewürznelke

400 ml Kalbsfond

125 ml halbtrockener Weißwein

250 g süße Sahne

Speisestärke

Salz, frisch gemahlener weißer Pfeffer

1 Für die Füllung die Brötchen in 1 cm große Würfel schneiden und in eine Schüssel geben. Wer sich die Mühe macht, mit einer Reibe die Brötchenrinde abzuschaben, bekommt eine besonders schöne Füllung. Die Milch zum Kochen bringen, über die Brötchen gießen und 20 Minuten ziehen lassen, ohne die Milch unterzurühren. Die Würfel saugen sich von selbst voll, beim Rühren würden sie breiig. Die Zwiebeln abziehen, fein würfeln und in der Butter glasig anschwitzen. Die Eier gründlich verquirlen. Wenn man eines der Eier trennt und das Eiweiß steif schlägt, wird die Füllung besonders luftig. Wenn die Milch eingezogen ist, Eier, Zwiebeln und Petersilie vorsichtig unterheben, die Brötchenwürfel sollen nicht breiig werden. Mit Salz, Pfeffer und Muskat würzen. Zuletzt das steif geschlagene Eiweiß unterheben.

2 Die Kalbsbrust innen und außen kräftig salzen, die Füllung hineingeben, aber nicht zu sehr stopfen, da sie beim Garen an Volumen zunimmt. Die Tasche mit einer kräftigen Nadel und Küchengarn gut zunähen.

3 Den Backofen auf 180 °C (Ober-/Unterhitze) vorheizen.

4 Für die Sauce Karotten und Sellerie putzen, waschen und grob würfeln. Die Zwiebeln abziehen und grob würfeln. Den Knoblauch abziehen und andrücken.

5 Das Butterschmalz in einem großen Bräter erhitzen und die Kalbsbrust auf beiden Seiten darin kräftig anbraten. Karotten, Sellerie, Zwiebeln, Knoblauch und Gewürze zufügen und in den Ofen geben. Wenn das Röstgemüse etwas Farbe genommen hat, mit ⅓ des Kalbsfonds ablöschen und das Fleisch mit Flüssigkeit begießen.

6 Sobald das Fleisch außen mittelbraun gegart ist, die Temperatur auf 130 °C reduzieren. Den Rest des Kalbsfonds zugeben und das Fleisch beim Weitergaren mehrfach mit Flüssigkeit begießen. Insgesamt hat das Stück eine Garzeit von 90–100 Minuten.

7 Die Temperatur auf 80 °C reduzieren, das Fleisch aus dem Bräter auf eine Servierplatte geben und im Ofen warm stellen. Die Sauce aus dem Bräter durch ein Sieb in einen Topf geben. Den Bodensatz des Bräters mit einem Rührlöffel und etwas Weißwein lösen und zur Sauce geben. Die Sauce aufkochen und bei kräftiger Wärmezufuhr einreduzieren, bis sie geschmacklich sehr kräftig ist, nach Art eines Bratenjus.

8 Dann die Sahne zugeben. Die Speisestärke im restlichen Wein lösen und die Sauce bis zur gewünschten Sämigkeit binden. Mit Salz und Pfeffer abschmecken.

9 Die Kalbsbrust in 1 cm dicke Scheiben schneiden und mit der Sauce servieren. Wie erwähnt, ist sie eigentlich ein komplettes Gericht. Das hindert die Schwaben nicht, dazu noch Kartoffelsalat (Seite 52) oder Spätzle (Seite 102) zu reichen.

Grünkernrisotto

Zugegeben, Risotto ist kein Küchenklassiker aus dem deutschen Südwesten. Doch Grünkern – unreif geernteter und getrockneter Dinkel – ist eine regionale Spezialität. Ursprünglich war Grünkern eine Verlegenheitslösung in nassen Erntejahren. Bevor das Getreide am Halm verfaulte, erntete man es lieber. Brot backen konnte man mit dem Grünkern nicht, doch für Suppen und Eintöpfe konnte man ihn verwenden. Hier wird er nach Art eines Risottos zubereitet.

FÜR 4 PERSONEN
ZUBEREITUNGSZEIT: 1 STUNDE

200 g Grünkern
150 ml Fleisch- oder Gemüsebrühe
1 Zwiebel
4 EL Butter

2 Karotten
100 g Erbsen (tiefgekühlt)
1 EL Petersilie, fein gehackt
1 TL frische Thymianblättchen
70 g würziger Hartkäse, gerieben
Salz, frisch gemahlener weißer Pfeffer

1 Den Grünkern in einem Sieb unter fließendem Wasser waschen und gründlich abtropfen lassen. Die Brühe erwärmen. Die Zwiebel abziehen und fein würfeln. 3 EL Butter in einem Topf bei mittlerer Temperatur erhitzen und die Zwiebel darin glasig anschwitzen. Den Grünkern zugeben und gut verrühren, damit die Kerne gleichmäßig von Fett überzogen sind. Die Brühe zugießen und den Grünkern bei niedriger Temperatur etwa 50 Minuten garen, bis die gewünschte Konsistenz erreicht ist. Der Risotto sollte weich im Biss sein.

2 Die Karotten erbsengroß würfeln. Einen Topf mit leicht gesalzenem Wasser zum Kochen bringen. Die Karotten etwa 2 Minuten bissfest blanchieren, mit einem Schaumlöffel herausnehmen, in Eiswasser abschrecken und in einem Sieb abtropfen lassen. Dann die Erbsen etwa 1 Minute bissfest blanchieren, abschrecken und abtropfen lassen.

3 Das blanchierte Gemüse in der restlichen Butter in einer kleinen Pfanne anschwitzen, die Petersilie und die Thymianblättchen kurz mitschwitzen und alles unter den Risotto heben. Dann den Hartkäse und nach Belieben noch etwas mehr Butter einrühren und mit Salz und Pfeffer abschmecken.

4 Den Grünkernrisotto als fleischloses Hauptgericht nach Belieben mit einem bunten Salat servieren.

Gugelhupf

Es hat einen lustig klingenden Namen, dieses Gebäck aus Hefeteig, das man in Norddeutschland auch als Napfkuchen kennt. Wie sich der Name herleitet, weiß man nicht genau. Man weiß aber, dass es diese – verglichen mit dem schwäbischen Hefezopf – sehr reichhaltige Rezeptur schon lange gibt. Im Ursprung war der Gugelhupf ein religiöses Festtagsgebäck.

ZUBEREITUNGSZEIT: 2 STUNDEN (INKL. TEIGRUHE)

MATERIAL

Küchenthermometer

Gugelhupfform
(Ø 22 cm)

150 g Sultaninen
(alternativ getrocknete Kirschen, halbiert)

Kirschwasser (optional)

500 g Weizenmehl (Type 550)

150 ml Milch

1 Würfel frische Hefe

200 g Butter

100 g Zucker

10 g Vanillezucker

5 g Salz

Abrieb von
½ unbehandelten Zitrone

3 Eier

weiche Butter für die Form

Puderzucker zum Bestäuben

1 Nach Belieben die Sultaninen einige Stunden in Kirschwasser marinieren.

2 Die Milch auf 30 °C erwärmen. 200 g Mehl in eine Schüssel sieben und eine Mulde in die Mitte drücken. Die Milch und die Hefe verrühren und in die Mulde gießen. Alles gut vermengen. Die Schüssel mit einem Tuch abdecken und an einem warmen Ort etwa 20 Minuten ruhen lassen, bis der Teig sein Volumen verdoppelt hat.

3 Butter, Zucker, Vanillezucker, Salz und Zitronenabrieb mit den Rührbesen eines Handrührgeräts schaumig rühren und die Eier eines nach dem anderen zugeben. Die Rührbesen gegen die Knethaken tauschen. Den Teig zu der Masse geben und das restliche Mehl in die Rührschüssel sieben. Alles zu einem geschmeidigen, sehr weichen Teig verkneten; Knetzeit mindestens 6 Minuten. Den Teig in der Rührschüssel bei Zimmertemperatur abgedeckt 20 Minuten aufgehen lassen.

4 Dann die Sultaninen unterkneten und den Teig nochmals 30 Minuten aufgehen lassen.

5 Den Backofen auf 200 °C (Umluft) vorheizen.

6 Den Teig auf einer leicht bemehlten Arbeitsfläche zu einer Kugel kneten. In die Mitte des Teigstücks mit einem Holzkochlöffel ein Loch drücken.

7 Die Gugelhupfform buttern und den Teig einfüllen. Die Form abdecken und den Teig etwas aufgehen lassen. Dann die Oberfläche des Teigs mit etwas Wasser bestreichen. In den Ofen geben und 40 Minuten backen.

8 Den Kuchen kurz in der Form abkühlen lassen, auf ein Gitter stürzen, die Form abnehmen und auskühlen lassen. Dann auf einer Platte anrichten und mit Puderzucker bestäuben.

Variante Wer es ganz üppig mag, pinselt den Gugelhupf nach Art eines Weihnachtsstollens mit flüssiger Butter ein, solange er noch warm ist, und bestäubt ihn erst nach dem Erkalten mit Puderzucker. Als Nebeneffekt bleibt der Kuchen unter der schützenden Fettschicht lange feucht und frisch.

Hefeknöpfle

Die kleinen Teigbällchen sind in der Schwäbischen Küche als Suppeneinlage oder als einfache Beilage zu Saucengerichten zu Hause. Mit Sauren Bohnen (Seite 92) und Hefeknöpfle sind einst viele Landkinder groß geworden. So einfach die Zutaten sind, so relativ lang dauert die Zubereitung – ein Hefeteig braucht eben seine Ruhezeiten. An Zeit und Muße bei der Zubereitung der Mahlzeiten hat es unseren Vorfahren weniger gemangelt als den Menschen der Jetztzeit.

FÜR 4 PERSONEN ALS BEILAGE
ZUBEREITUNGSZEIT: 2 STUNDEN
(INKL. TEIGRUHE)

250 g Weizenmehl (Type 405)
20 g frische Hefe, zerbröselt
1 Prise Zucker
30 g zimmerwarme Butter
3 Eier
1 gestrichener TL Salz

1 Das Mehl in eine Schüssel sieben und eine Mulde in die Mitte drücken. 125 ml lauwarmes Wasser, die Hefe und den Zucker in einer Tasse verrühren und in die Mulde gießen. Alles gut vermengen. Die Schüssel mit einem Tuch abdecken und an einem warmen Ort 30 Minuten ruhen lassen.

2 Die Butter mit einer Gabel zerdrücken und mit den Eiern und dem Salz in die Schüssel geben. Alles zu einem glatten Teig verrühren und kurz durchkneten. Abgedeckt 1 Stunde ruhen lassen.

3 Aus dem Teig eine 2 cm dicke Rolle formen, davon 2 cm dicke Stücke abschneiden, zu Kugeln formen und diese auf einer bemehlten Unterlage erneut ein wenig aufgehen lassen.

4 Die Knöpfle in reichlich siedendem Salzwasser etwa 20 Minuten gar ziehen lassen, bis sie an die Wasseroberfläche steigen. Mit einem Schaumlöffel herausnehmen, in ein Sieb geben und abtropfen lassen.

5 Die Knöpfle zu Gerichten mit viel Sauce oder als Suppeneinlage servieren.

Hefezopf

Ein gut gelunger Hefezopf ist alleine schon optisch ein Genuss: milchkaffeebraun glänzend der Laib, hellgelb die Stellen, wo der Teig beim Backen aufgebrochen ist. Ein ebenmäßiges Gebäck, wenn es von geübter Hand geflochten wird.

ZUBEREITUNGSZEIT:
1 STUNDE 40 MINUTEN
(INKL. TEIGRUHE)

MATERIAL

Küchenthermometer

220 ml Milch

500 g Weizenmehl (Type 550)

1 Würfel frische Hefe, zimmerwarm

70 g Zucker

70 g weiche Butter

5 g Salz

1 Ei, zimmerwarm

Abrieb von
½ unbehandelten Zitrone

50 g Sultaninen
(optional)

Eistreiche aus 1 Ei und
je einer Prise Zucker und Salz

Hagelzucker zum Bestreuen

1 Die Milch auf 30 °C erwärmen. Das Mehl in eine Rührschüssel sieben und eine Mulde in die Mitte drücken. Die Milch und die Hefe verrühren und in die Mulde gießen. Die übrigen Zutaten für den Teig zufügen. Mit den Knethaken des Handrührgeräts bei mittlerer Geschwindigkeit etwa 6 Minuten zu einem mittelfesten, geschmeidigen Teig kneten. Die Schüssel mit einem Tuch abdecken und an einem warmen Ort 20 Minuten ruhen lassen.

2 Nach Belieben die Sultaninen unterkneten. Den Teig abgedeckt weitere 15 Minuten ruhen lassen. Dann den Teig in 3 gleich große Stücke teilen und diese zu Kugeln formen. 15 Minuten abgedeckt ruhen lassen.

3 Die Teigstücke auf einer bemehlten Arbeitsfläche rechteckig ausrollen und die Fladen über die lange Seite aufrollen. Dies führt im fertigen Zopf zu einer feineren Porenstruktur. Die Stränge von Hand gleichmäßig auf 60 cm Länge ausrollen. Nebeneinander legen, leicht bemehlen und von der Mitte in Richtung der Enden flechten. Den Zopf mittig auf ein mit Backpapier ausgelegtes Backblech geben.

4 Den Backofen auf 220 °C (Ober-/Unterhitze) vorheizen.

5 Den Zopf gleichmäßig und dünn mit Eistreiche bepinseln. Das ergibt beim Backen Glanz und Farbe. Darauf achten, dass keine Eistreiche dorthin gerät, wo die Teigstränge sich berühren. Sonst kleben die Stränge aneinander, und der Teig reißt beim Backen nicht wie gewünscht auf.

6 Den Zopf an einem warmen Ort nochmals etwas aufgehen lassen, ohne ihn abzudecken. Vor dem Backen ein weiteres Mal dünn mit Eistreiche bepinseln und mit etwas Hagelzucker bestreuen. 10 Minuten backen.

7 Den Backofen auf 180 °C zurückregeln und weitere 25–30 Minuten backen. Der Zopf soll mittelbraun und glänzend werden, die Risse zwischen den Teigsträngen hellgelb. Bräunt der Zopf zu schnell, die Ofentemperatur weiter reduzieren. Nach dem Backen auf einem Kuchengitter auskühlen lassen.

Hirnsuppe

Früher war es selbstverständlich, geschlachtete Tiere möglichst komplett zu verwerten – auch das Hirn. Eine fein abgestimmte Hirnsuppe schmeckt nur ganz dezent nach Innereien, ist wunderbar cremig und war oft der Auftakt eines Festessens. Damit sie besonders schön aussieht, wird sie zum Schluss mit Eigelb legiert.

FÜR 4 PERSONEN
ZUBEREITUNGSZEIT: 40 MINUTEN

FÜR DIE SUPPE

400 g Kalbshirn

3 Schalotten

2 EL Butter

2 EL Weizenmehl (Type 405)

75 ml warme Fleischbrühe

150 g süße Sahne

Salz, frisch gemahlener weißer Pfeffer, Muskat

1 Eigelb

1 EL Schnittlauch, in Röllchen

FÜR DEN KOCHSUD

125 ml Weißwein

1 Zwiebel, mit 2 Lorbeerblättern und 1 Gewürznelke gespickt

1 TL Salz

1 Vorbereitung: Das Kalbshirn 1 Stunde in kaltes Wasser legen. Danach die Hirnhaut abziehen und blutige Stellen entfernen. Das Hirn grob würfeln und in zwei gleich große Portionen teilen: die eine Portion aus den schöneren Stücken, die andere aus den weniger ansehnlichen Teilen. Letztere fein würfeln.

2 Für die Suppe die Schalotten abziehen und fein würfeln. Die Butter in einem großen Topf bei mittlerer Temperatur erhitzen und die Schalotten darin glasig anschwitzen. Das fein gewürfelte Hirn zugeben, mit Mehl bestäuben und 1 Minute mitschwitzen, ohne dass das Mehl Farbe nimmt. Mit der Brühe und 75 g Sahne aufgießen, glatt rühren, kurz aufkochen und 20 Minuten köcheln lassen. Gelegentlich rühren, damit sich kein Mehl am Topfboden ansetzt.

3 Für den Kochsud den Weißwein, 125 ml Wasser und die gespickte Zwiebel in einen Topf geben, aufkochen und das Salz zufügen. Das grob gewürfelte Hirn zugeben und bei mittlerer Temperatur 10 Minuten köcheln lassen. Das Hirn mit einem Schaumlöffel herausnehmen, abkühlen lassen und in gleichmäßige, kleine Würfel schneiden.

4 Die Suppe durch ein feines Sieb in einen anderen Topf streichen und die restliche Sahne bis auf 3 EL zugießen. Mit Salz, Pfeffer und Muskat abschmecken und kurz aufkochen. Vom Herd nehmen, die Hirnwürfel zugeben und vorsichtig unterrühren.

5 Das Eigelb mit der restlichen Sahne mischen und in die Suppe rühren. Beim Einrühren der Ei-Sahne-Mischung darf die Suppe nur noch warm sein. Ist sie zu heiß, gerinnt das Eigelb. Nochmals vorsichtig durchrühren, in vorgewärmte Teller schöpfen und mit Schnittlauch bestreut servieren.

Kalbsbries

Das Bries ist ein Organ, das bei allen jungen Säugetieren dem Aufbau des Immunsystems dient. Das bis zu 300 Gramm schwere Gewebe aus dem vorderen Brustbereich ist fast weiß, zart, wohlschmeckend und gehört zu den beliebtesten Innereien. Für eine kleine Mahlzeit mit Remoulade und Salat rechnet man mit 150 Gramm Bries pro Portion.

FÜR 4 PERSONEN
ZUBEREITUNGSZEIT: 30 MINUTEN
(OHNE WÄSSERN)

FÜR DAS KALBSBRIES	**ZUM AUSBACKEN**
600 g Kalbsbries	Salz
½ Zwiebel	frisch gemahlener schwarzer Pfeffer
1 kleine Karotte	100 g Weizenmehl (Type 405)
1 kleine Stange Lauch	1 Ei
⅛ Knolle Sellerie	100 g Paniermehl
1 Gewürznelke	4 EL Butter

1 Das Bries zunächst 2 Stunden wässern, dabei das Wasser einmal wechseln. Anschließend die äußere Haut vorsichtig entfernen und dunkle Stellen wegschneiden. Weil sich beim anschließenden Blanchieren ein Teil des Bindegewebes auflöst, nicht zu viel von der Haut wegschneiden, damit das Bries nicht auseinanderfällt.

2 Für das Kalbsbries das Gemüse putzen, waschen und grob würfeln. 2 l Salzwasser mit dem Gemüse und der Gewürznelke in einem großen Topf aufkochen. Das Bries zugeben und bei niedriger Temperatur 10 Minuten köcheln lassen. Dann herausnehmen, mit kaltem Wasser abschrecken und von noch vorhandenen Sehnen und Häuten befreien. In ½ cm dicke Scheiben schneiden.

3 Zum Ausbacken das Bries salzen und pfeffern, mit Mehl, verquirltem Ei und Paniermehl panieren und in einer Pfanne in schäumender Butter bei mittlerer Temperatur goldbraun ausbacken. Mit Remoulade und Salat servieren.

Kalbsnieren

Die Innereien vom Kalb gelten als die feinsten in der bürgerlichen Küche. Anders als die bekannten Sauren Nierle vom Schwein werden sie hier in einer feinen Estragon-Senf-Sauce serviert. Kalbsnieren gibt es beim guten Metzger auf Vorbestellung. Beim Estragon darauf achten, dass es sich nicht um den wenig aromatischen Russischen Estragon handelt.

FÜR 4 PERSONEN
ZUBEREITUNGSZEIT: 35 MINUTEN

500 g Nieren
vom Milchkalb ohne Fett,
küchenfertig vorbereitet

frisch gemahlener weißer Pfeffer

1 EL Butterschmalz

2 Schalotten

4 Zweige Estragon
(Französischer oder Deutscher)

2 EL süße Sahne

2 EL Butter

125 ml fruchtiger Riesling

150 ml Kalbsfond

2 EL Crème fraîche, zimmerwarm

1 EL Estragonsenf
(alternativ mittelscharfer Senf)

Salz

Balsamico

1 Den Backofen auf 160 °C (Ober-/Unterhitze) vorheizen.

2 Die Kalbsnieren unter kaltem Wasser abbrausen und mit Küchenpapier trocken tupfen. Das Butterschmalz in einer Pfanne bei hoher Temperatur erhitzen. Die Nieren nur mit Pfeffer würzen und am Stück von allen Seiten darin kurz anbraten. In eine gebutterte Auflaufform geben und 10–15 Minuten im Ofen garen.

3 In der Zwischenzeit die Schalotten abziehen und fein würfeln. Die Estragonblätter zupfen und fein hacken. Die Sahne steif schlagen.

4 Das Butterschmalz aus der Pfanne gießen, die Butter hineingeben und bei mittlerer Temperatur erhitzen. Die Schalotten darin glasig anschwitzen, den Estragon zufügen und kurz mitschwitzen. Mit dem Riesling und dem Kalbsfond ablöschen und die Sauce bei hoher Temperatur etwa 10 Minuten auf ¼ der ursprünglichen Flüssigkeitsmenge reduzieren.

5 Den Bratensaft aus der Auflaufform zur Sauce gießen. Die Kalbsnieren mit Alufolie abdecken und 10 Minuten im ausgeschalteten Ofen ruhen lassen.

6 Die Sauce durch ein Sieb in einen kleinen Topf streichen, zügig die Crème fraîche und den Senf unterrühren und nochmals aufkochen. Mit Salz, Pfeffer und einem Spritzer Balsamico abschmecken, vom Herd nehmen und die geschlagene Sahne unterheben.

7 Die Kalbsnieren aus der Auflaufform nehmen, in Scheiben schneiden und mit Salz würzen. Auf vorgewärmten Tellern anrichten und mit Sauce beträufelt servieren. Dazu passen in Butter geschwenkte breite Nudeln.

Kartoffelsalat

Schwaben mit kulinarischer Ader können stundenlang über ihn philosophieren: ob er lauwarm am besten ist oder zimmerwarm. Auf keinen Fall kalt. Welche Kartoffeln die besten für den Salat sind, ob rohe Zwiebeln hineingehören oder gedämpfte. Am Ende muss der Kartoffelsalat eine Konsistenz haben, die man unübersetzbar ins Schriftdeutsche als »schlonzig« bezeichnet. Zähflüssig wäre wohl eine treffende Umschreibung.

FÜR 4 PERSONEN
ZUBEREITUNGSZEIT: 50 MINUTEN

800 g festkochende Kartoffeln
(z. B. Sieglinde oder Linda)

1 kleine Zwiebel

200 ml Fleischbrühe

3 EL Weißweinessig

1 TL mittelscharfer Senf

Salz, frisch gemahlener weißer Pfeffer

3 EL Sonnenblumenöl

etwas Petersilie zum Garnieren

1 Die Kartoffeln waschen und ungeschält in einen Kochtopf geben. Den Topf halbvoll mit Wasser füllen und 1 TL Salz zugeben. Die Kartoffeln etwa 25 Minuten kochen, bis sie bissfest sind. Mehrfach mit einem Küchenmesser die Konsistenz prüfen.

2 Das Wasser abgießen und die Kartoffeln etwas abkühlen lassen. Wenn sie gerade so kühl sind, dass man sie mit der Hand anfassen kann, schälen. In 3 mm dicke Scheiben schneiden oder hobeln und in eine Schüssel geben.

3 Die Zwiebel abziehen und fein würfeln. Die Brühe in einem kleinen Topf erwärmen. Mit dem Essig, dem Senf, Salz und Pfeffer kräftig würzen. Die Zwiebel zugeben und kurz aufkochen lassen. Die Brühe vom Herd nehmen, etwas abkühlen lassen.

4 Die Brühe über die Kartoffeln gießen. Etwa 10 Minuten ruhen lassen, bis die Kartoffeln die Flüssigkeit aufgenommen haben. Mit einem Salatbesteck ein- bis zweimal vorsichtig die Kartoffeln von unten nach oben heben, um die Flüssigkeit gleichmäßig zu verteilen.

5 Die Konsistenz des Salats sollte sämig sein. Vor dem Anrichten eventuell noch etwas Brühe zugeben und mit Essig und Salz nachwürzen. Erst ganz zum Schluss das Öl über den Salat geben und nochmals behutsam vermengen. Den Kartoffelsalat mit Petersilie garnieren und lau- bis zimmerwarm servieren. In der Schwäbischen Küche gibt es fast nichts, zu dem Kartoffelsalat nicht passt.

Käskuchen

Süß-sauer kommt als Geschmacksrichtung in der Schwäbischen Küche kaum vor. Der Käskuchen macht da eine Ausnahme, wenn sich die Süße des Zuckers mit der Frische von Sauerrahm und Quark mischt.

ZUBEREITUNGSZEIT:
1 STUNDE 10 MINUTEN
(+ ZEIT FÜR DEN MÜRBTEIG)

MATERIAL
Backform
(Ø 30 cm, 5 cm hoher Rand)

FÜR DEN MÜRBTEIG
200 g weiche Butter
100 g Zucker
1 Ei, zimmerwarm
Salz
300 g Weizenmehl (Type 405)
1 Msp. Backpulver

FÜR DIE FÜLLUNG
Sultaninen (optional)
5 Eier
180 g Zucker
40 g Speisestärke
200 g Sauerrahm (25 % Fett)
200 g Sauerrahm (10 % Fett)
150 ml Milch
1000 g Magerquark
Saft und Abrieb von
1 unbehandelten Zitrone

TIPP Den Mürbteig kann man am Vortag zubereiten.

1 Für den Mürbteig die Butter, den Zucker, das Ei und 1 Prise Salz in eine Rührschüssel geben und mit den Rührbesen eines Handrührgeräts leicht schaumig rühren. Das Mehl und das Backpulver in eine Schüssel sieben und mischen.

2 Die Rührbesen gegen Knethaken tauschen. Das Mehl schubweise unter Kneten zu der schaumigen Masse geben und zügig vermengen, bis der Teig glatt ist. In Frischhaltefolie wickeln und 1 Stunde (oder über Nacht) kalt stellen.

3 Den Mürbteig 30 Minuten vor der Bearbeitung aus dem Kühlschrank nehmen und einmal durchkneten. Ausrollen, auf die Hälfte zusammenlegen und so in die Backform legen, dass man am Rand von oben stets etwas Teig nachgibt. Nicht in die Ecken drücken, da dort sonst Füllung durchsickern kann. Nach Belieben Sultaninen auf dem Boden verteilen.

4 Den Backofen auf 220 °C (Ober-/Unterhitze) vorheizen.

5 Für die Füllung die Eier trennen. Die Hälfte des Zuckers und die Speisestärke mischen. Die Eigelbe, den Sauerrahm, die Milch und die Zucker-Speisestärke-Mischung in eine große Rührschüssel geben und mit einem Schneebesen glatt rühren. Dann den Quark unterrühren und gut vermischen. Den Zitronensaft und -abrieb unterrühren. Die Masse sollte sehr dickflüssig sein, aber nicht zu fest, sonst lässt sich der Eischnee nicht gut unterheben. Eventuell durch Zugabe von etwas Milch anpassen.

6 Die Eiweiße und den restlichen Zucker mit den Rührbesen eines Handrührgeräts zu einem glänzenden, fast steifen Eischnee schlagen. Mit dem Schneebesen vorsichtig in zwei Etappen unter die Masse heben. Die Masse in die Backform füllen und glatt streichen.

7 Die Backform auf die zweite Einschubleiste von unten in den Ofen geben. Beim Backen beobachten: Der Kuchen sollte an der Oberseite eine Haut bilden und nur langsam Farbe nehmen. Nach etwa 20 Minuten sollte die Oberseite eine leichte Wölbung und eine stabile Haut haben.

8 Dann den Kuchen herausnehmen und mit einem scharfen Messer oder einer Rasierklinge vorsichtig die Haut einschneiden, wo sie Kontakt zum Mürbteig hat. Das verhindert, dass die Oberfläche beim weiteren Backen willkürlich reißt. Wieder in den Ofen geben.

9 Wenn die Oberfläche fingerbreit über den Rand ragt, den Kuchen herausnehmen und absinken lassen. Das verhindert, dass der Kuchen nach dem Backen zusammenfällt. Nach etwa 5 Minuten wieder in den Ofen schieben. Wenn die Füllung zu hoch steigt, nochmals absinken lassen. Die Backzeit beträgt insgesamt 35–40 Minuten. Der Kuchen ist fertig, wenn er sich auch in der Mitte stabil anfühlt.

10 Den Kuchen 15 Minuten auskühlen lassen. Dann ein Kuchengitter auflegen, den Kuchen stürzen und die Backform entfernen. Erst zum Anschneiden wieder wenden und auf einer Platte anrichten.

Kirschenmichel

Der Auflauf mit Kirschen, in der Schwäbischen Küche Kirschenmichel genannt, hat Generationen von Müttern und Großmüttern zur Sommerzeit geholfen, hungrige Mäuler zu stopfen. Dieses Rezept präsentiert ihn als verfeinerte Dessertvariante nach Art eines Soufflés. Zubereitet wird der Auflauf in Pfitzauf- oder Souffléformen. Wem das Marinieren zu langwierig ist, verwendet gut abgetropfte Kirschen aus dem Glas und bindet deren Einlegeflüssigkeit mit Speisestärke.

FÜR 4 PERSONEN
ZUBEREITUNGSZEIT: 30 MINUTEN
MARINIEREN: 24 STUNDEN

MATERIAL
4 kleine runde ofenfeste Formen

**FÜR DIE
MARINIERTEN KIRSCHEN**
40 g Zucker

4 EL Kirschessig

100 ml Orangensaft

100 ml Portwein
(alternativ Madeira)

Saft und Zesten von
½ unbehandelten Zitrone

Zesten von
½ unbehandelten Orange

200 g frische Kirschen, entsteint
(alternativ aus dem Glas)

2 EL Orangenmarmelade

FÜR DEN TEIG
80 g Puderzucker
+ mehr zum Bestäuben

40 g gemahlene Mandeln
1 EL Weizenmehl (Type 405)
4 Eier

Butter für die Form

1 Für die marinierten Kirschen den Zucker in einem Topf bei niedriger Temperatur schmelzen lassen. Sobald er zu bräunen beginnt, mit dem Kirschessig ablöschen und so lange rühren, bis sich der Zucker aufgelöst hat. Orangensaft, Portwein, Zitronensaft und Zitruszesten zugeben und kurz aufkochen. Die Kirschen in den Sud geben, 2 Minuten erhitzen, dann mit einem Schaumlöffel herausheben und in einem Sieb über dem Topf mit dem Sud abtropfen lassen.

2 Den Sud wieder zum Kochen bringen. Die Flüssigkeit einreduzieren lassen. Wenn die Textur sirupartig wird, die Orangenmarmelade einrühren. Vom Herd nehmen, die Kirschen zugeben, gut verrühren und im Topf 24 Stunden durchziehen lassen.

3 Den Backofen auf 200 °C (Ober-/Unterhitze) vorheizen.

4 Den Puderzucker, die Mandeln und das Mehl mischen. 2 Eier trennen. Die Eigelbe sowie die 2 weiteren Eier in einer Rührschüssel mit der Puderzucker-Mandel-Mehl-Mischung schaumig rühren. Die 2 Eiweiße steif schlagen und vorsichtig unter die Masse heben.

5 Die Formen ausbuttern. ¼ der Kirschen in einem Sieb über dem Mariniertopf abtropfen lassen. Die Formen jeweils zur Hälfte mit Teig füllen, die Kirschen darüber verteilen und mit Teig auffüllen.

6 In einem Wasserbad 15 Minuten im Ofen hellbraun und fluffig backen.

7 Die übrigen Kirschen im Sud erwärmen. Die Kirschenmichel auf vier vorgewärmte Teller stürzen, mit heißen Kirschen und Sud anrichten und mit Puderzucker bestäubt servieren.

Linsen auf gut Schwäbisch

Dicke, braune, mehlgebundene und sauer abgeschmeckte Saucen sind ein Charakteristikum der Schwäbischen Küche. Hier die Version für das Nationalgericht Linsen mit Spätzle. Linsen waren früher eine heimische Feldfrucht; heute werden sie auf der Schwäbischen Alb wieder angebaut.

Als Kochwein verwendet dieses Rezept trockenen Lemberger, eine typische Rotweinsorte Württembergs. Er würzt kräftiger als Trollinger.

FÜR 4 PERSONEN
ZUBEREITUNGSZEIT: 1 ½ STUNDEN

1 Knoblauchzehe

2 Zwiebeln

1 Lorbeerblatt

2 Gewürznelken

100 g magerer, mild geräucherter
Bauchspeck am Stück

200 g getrocknete Linsen

4 EL Butter

3 EL Weizenmehl (Type 405)

1 EL Tomatenmark

750 ml warme Fleischbrühe
(alternativ Kochwasser der Linsen)

125 ml Lemberger
(alternativ trockener Rotwein)

4 Paar Saitenwürstchen

Rotweinessig, Salz, frisch gemahlener
schwarzer Pfeffer, Zucker

1 Den Knoblauch abziehen und andrücken. 1 Zwiebel abziehen und mit Lorbeerblatt und Gewürznelken spicken. 2 l kaltes, ungesalzenes Wasser in einem Topf aufsetzen. Den Bauchspeck, die Zwiebel, den Knoblauch und die in einem Küchensieb kurz abgespülten Linsen dazugeben und zum Kochen bringen. Das Wasser nicht salzen, sonst werden die Linsen nicht weich.

2 Die Linsen 30–40 Minuten weich kochen. Knoblauch und Zwiebel entfernen. Den Bauchspeck herausnehmen, in 4 Stücke schneiden und beiseitelegen. Die Linsen durch ein Sieb abseihen und abtropfen lassen. (Wenn Kochwasser statt Fleischbrühe verwendet werden soll, dieses in eine Schüssel abseihen.)

3 Die zweite Zwiebel abziehen und fein würfeln. 1 EL Butter in einem großen Topf bei mittlerer Temperatur erhitzen und die Zwiebelwürfel darin glasig anschwitzen. Die restliche Butter zugeben und schmelzen lassen. Das Mehl zufügen, mit der Butter verrühren und bei kräftiger Wärmezufuhr mittel- bis dunkelbraun anrösten. Das Tomatenmark mitanrösten, was der Sauce Farbe gibt.

4 250 ml Brühe (oder Kochwasser) angießen und die Mehlschwitze glatt rühren. Die restliche Brühe (oder Kochwasser) zugeben und erneut glatt rühren. Aufkochen lassen, den Rotwein zugießen, und die Sauce bei niedriger Temperatur 15–20 Minuten köcheln lassen, bis sie sämig ist. Gelegentlich rühren, damit sich kein Mehl am Topfboden ansetzt.

5 Die Linsen und den Bauchspeck zur Sauce geben, gut verrühren, und bei niedriger Temperatur 20 Minuten garen, aber nicht mehr kochen lassen. Die Würstchen in Salzwasser langsam erwärmen.

6 Die Linsen mit Salz, Pfeffer, Essig und Zucker mild säuerlich abschmecken. Die Saitenwürstchen und den Bauchspeck dazugeben und mit Spätzle (Seite 102) servieren.

Maultaschen

Die Maultasche ist ein Unikum der Schwäbischen Küche und universell genießbar. Man isst sie in der Brühe, frisch aus der Brühe, geschmälzt mit Röstzwiebeln oder geröstet mit Ei. Was immer zu Maultaschen passt: Kartoffelsalat. Da Maultaschen sich so großer Beliebtheit erfreuen, bieten viele Hersteller fertig gerollten Nudelteig zum Selberfüllen an. Man muss also nicht eigens einen Nudelteig herstellen.

FÜR 8 PERSONEN
ZUBEREITUNGSZEIT: 50 MINUTEN

FÜR DIE MAULTASCHEN

400 g frischer Blattspinat
(alternativ tiefgekühlt)

4 altbackene Brötchen

2 Zwiebeln

2 Knoblauchzehen

5–6 Frühlingszwiebeln

1 EL Butter

200 g Hackfleisch vom Rind

6 EL Petersilie, fein gehackt

200 g Wurstbrät

1–2 Eier

Salz, frisch gemahlener weißer Pfeffer, Muskat

Semmelbrösel

500 g Nudelteig

1 Eigelb

FÜR DIE GARNITUR

1 Zwiebel

1 EL Butterschmalz

3 l Brühe zum Garen

1 EL Schnittlauch, in Röllchen

1 Den Spinat waschen, 1–2 Minuten in kochendem Salzwasser blanchieren, abseihen, gut ausdrücken und grob hacken. Die Brötchen in lauwarmem Wasser einweichen. Die Zwiebeln und den Knoblauch abziehen und fein würfeln. Die Frühlingszwiebeln waschen, putzen und bis knapp ins Grün in feine Ringe schneiden.

2 Die Butter in einem kleinen Topf erhitzen und Zwiebeln und Knoblauch darin glasig anschwitzen. Hackfleisch, Petersilie und Frühlingszwiebeln dazugeben und gründlich vermengen. Alles nur erwärmen, aber keine Farbe nehmen lassen. Vom Herd nehmen und etwas abkühlen lassen.

3 Die Brötchen gut ausdrücken. Spinat, Brötchen, den abgekühlten Topfinhalt, Wurstbrät und 1 Ei in eine Rührschüssel geben. Mit den Händen oder einem Rührlöffel gründlich vermengen, bis die Masse glatt und geschmeidig ist. Kein Rührgerät verwenden, damit die Masse nicht zu warm wird. Mit Salz, Pfeffer und Muskat würzig abschmecken. Ist die Masse zu flüssig, mit Semmelbröseln binden; ist sie zu trocken, ein weiteres Ei unterrühren.

4 Den Nudelteig auf einer bemehlten Arbeitsfläche je nach Breite der Teigrolle längs in 2 oder 3 Bahnen von je 15 cm Breite und 1 m Länge schneiden. Oder quer in Bahnen von je 15 cm Breite. Die Teigbahnen gleichmäßig und fingerdick mit der Füllung bestreichen, dabei an den Rändern der Teigbahnen 2 cm breite Streifen aussparen. Das Eigelb mit etwas warmem Wasser verrühren und die Ränder damit bestreichen.

5 Das vordere Drittel jeder Teigbahn nun über die Mitte der Teigbahn schlagen und das hintere Drittel über das vordere. Die Ränder gut festdrücken. Mit einem Löffelstiel quer zur Teigbahn Kerben eindrücken, die die Maultaschen voneinander trennen. Vorsichtig drücken, damit der Teig nicht reißt; die Maultaschen sollten etwas länger als breit sein. Die Ränder mit den Fingern nochmals gründlich andrücken und die Maultaschen mit einem Messer oder einem Teigrädchen auseinanderschneiden. Die Maultaschen einige Minuten antrocknen lassen.

6 Die Zwiebel abziehen, längs halbieren und fein würfeln. Das Butterschmalz in einer Pfanne erhitzen und die Zwiebel darin goldbraun rösten.

7 Die Brühe in einem großen Topf zum Sieden bringen und die Maultaschen darin etwa 10 Minuten garen, bis sie an die Wasseroberfläche steigen.

8 Die Maultaschen mit etwas Brühe auf tiefen Tellern anrichten und mit Röstzwiebeln und Schnittlauch garniert servieren.

Mostbraten auf altschwäbische Art

Ähnlich wie die gefüllte Kalbsbrust von Seite 26 ist dieses Gericht etwas für eine größere Runde. Ein Schweinebraten findet sich wohl in jeder Regionalküche – die Spezialität dieses Rezepts ist, dass das Fleisch zusammen mit Gemüsen und Gewürzen tagelang in Most eingelegt wird. Auch im Ofen nimmt sich der Mostbraten seine Zeit, gart knapp drei Stunden lang. Most, das bedeutet im Schwäbischen vergorener Apfelmost, war früher das Getränk der Landbevölkerung aus eigenem Anbau. Gegenwärtig wird er als Stück Regionalkultur vielerorts wiederentdeckt.

FÜR 10 PERSONEN
ZUBEREITUNGSZEIT: 3 STUNDEN
(+ 3 TAGE MARINIEREN)

2 Zwiebeln
2 kleine Karotten
¼ Knolle Sellerie
1 Lauchstange
2 kg Schweinehals am Stück
2 Lorbeerblätter
2 Gewürznelken
10 Wacholderbeeren
2 Zweige Thymian
2 Zweige Majoran
1 TL weiße Pfefferkörner, angedrückt
2 l Apfel- oder Birnenmost (alkoholhaltig!)

1 EL Butterschmalz
Salz, frisch gemahlener weißer Pfeffer
Speisestärke

1 Die Röstgemüse waschen, putzen und grob würfeln. Das Fleisch in einem geeigneten Gefäß zusammen mit den Gewürzen im Most einlegen. Das Fleisch muss komplett von Flüssigkeit bedeckt sein. Bei Bedarf mit etwas Wasser aufgießen. An einem kühlen Ort 3 Tage durchziehen lassen. Dabei gelegentlich wenden.

2 Den Backofen auf 200 °C (Ober-/Unterhitze) vorheizen.

3 Den Mostbraten aus der Marinade nehmen und abtropfen lassen. Das Butterschmalz in einen großen Bräter geben und in den Ofen schieben. Den Braten mit Küchenpapier abtupfen und mit Salz und Pfeffer würzen. Das geschmolzene Fett gut im Bräter verteilen, das Fleisch einlegen und unter zweimaligem Wenden 30 Minuten von allen Seiten im Ofen anbraten.

4 Die Beize durch ein Sieb in eine Schüssel gießen. Nach dem Anbraten des Fleisches die im Sieb abgetropften Gemüse und Gewürze mit in den Bräter geben und etwas Farbe nehmen lassen. Bodendeckend Mostbeize angießen. Die Flüssigkeit stark einreduzieren lassen, zweimal wiederholen.

5 Nach 1 Stunde Bratzeit den Backofen auf 150 °C zurückschalten, 2 cm hoch Beize angießen und das Fleisch unter mehrmaligem Wenden 1 weitere Stunde schmoren lassen. Den Braten herausnehmen und auf ein Schneidbrett geben.

6 Die Schmorflüssigkeit aus dem Bräter durch ein Sieb in einen Topf passieren, dabei das Gemüse gut ausdrücken. Die Sauce unter häufigem Rühren bei kräftiger Wärmezufuhr auf die Hälfte reduzieren.

7 Den Backofen wieder auf 200 °C (Ober-/Unterhitze) aufheizen.

8 Das Fleisch auf einen Gitterrost legen, auf die mittlere Einschubleiste des Ofens schieben und bräunen lassen, dabei abtropfende Flüssigkeit in einem Backblech auffangen und später zur Sauce geben. Ist der Braten nach weiteren 20–30 Minuten rundum gebräunt, aus dem Ofen nehmen, in Alufolie wickeln und vor dem Anschneiden 10 Minuten entspannen lassen.

9 Die Sauce bis zur gewünschten Sämigkeit mit der in etwas Wasser gelösten Speisestärke binden. Mit Salz, Pfeffer und Most abschmecken. Zum Mostbraten passen frisches Holzofenbrot, Kartoffelsalat, und wenn er ein vollwertiges Gericht sein soll, auch Spätzle. Als Getränk natürlich Most oder auch ein kühles Bier.

Nonnenfürzle

Dieses süße Gebäck wird aus Brandteig gemacht, den man auch zu Windbeuteln, Schwäbisch Kaffeeküchle, verarbeiten könnte. Anders als Windbeutel werden die Nonnenfürzle nicht gebacken, sondern frittiert. Ihren Namen haben sie davon, dass der lockere Teig im heißen Fett hörbar Luft aushaucht.

FÜR 4 PERSONEN
ZUBEREITUNGSZEIT: 20 MINUTEN

125 g Weizenmehl (Type 405)
250 ml Milch
80 g Butter
1 Prise Salz

6 g Zucker
4 Eier
neutrales Pflanzenöl zum Frittieren
Zimtzucker
(alternativ Puderzucker)

1 Das Mehl zweimal in eine Schüssel durchsieben. Milch, Butter, Salz und Zucker in einem Topf verrühren, aufkochen und sofort vom Herd ziehen. Das gesiebte Mehl einrieseln lassen und mit einem Rührlöffel unterrühren.

2 Dann den Topf wieder auf die Herdplatte geben und den Teig bei mittlerer Temperatur vom Topfboden aufwärts – ähnlich wie bei einem Spätzleteig – mit kreisenden Bewegungen kräftig schlagen, bis sich am Löffel ein einziger Teigklumpen bildet, während am Topfboden eine dünne Schicht angeklebten Mehls zu sehen ist.

3 Den Teig in eine Rührschüssel umfüllen und die Eier eines nach dem anderen unterrühren, bis eine homogene Masse entsteht.

4 Das Öl in einem Topf oder einer Fritteuse auf 180 °C erhitzen. Den Teig mit zwei befeuchteten Teelöffeln oder einem Eisportionierer zu kleinen Bällchen formen und in das heiße Öl gleiten lassen. Wenden, bis die Teigbällchen überall goldbraun gebacken sind. Noch heiß in Zimtzucker wälzen oder mit Puderzucker bestäuben. Dazu passen Kompott, Eiscreme oder eine Dessertsauce.

Ofenschlupfer

Der Ofenschlupfer ist so schwäbisch wie sein Name klingt. Typisch schwäbisch ist er vor allem, weil er Zutaten verwendet, die nicht teuer oder anderswo übrig sind. Als süßes und satt machendes Hauptgericht ist er vor allem bei Kindern beliebt. Besonders lecker wird ein Ofenschlupfer, wenn man ihn aus altbackenem Hefezopf zubereitet.

FÜR 4 PERSONEN
ZUBEREITUNGSZEIT: 1 STUNDE

2 große säuerliche Äpfel

4 altbackene Milchbrötchen
(alternativ die entsprechende Menge anderen Weißmehlgebäcks)

1 TL gemahlener Zimt

40 g Zucker

2 Eier

500 ml Milch

50 g Sultaninen

50 g Mandelblättchen

1–2 EL Butter

Puderzucker zum Bestäuben

1 Die Äpfel schälen, vierteln, vom Kerngehäuse befreien und in feine Spalten schneiden. Die Milchbrötchen in feine Scheiben schneiden. Den Zimt mit 20 g Zucker vermischen.

2 Den Backofen auf 180 °C (Umluft) vorheizen.

3 Eine gebutterte Auflaufform mit einer Schicht Brötchenscheiben belegen. Dann eine Schicht Äpfel auflegen, mit Zimtzucker bestreuen und einen Teil der Sultaninen darauf verteilen. In dieser Abfolge die Form füllen; die oberste Schicht soll aus Brot bestehen.

4 Den restlichen Zucker mit den Eiern und der Milch verquirlen und gleichmäßig über den Ofenschlupfer gießen. Die Mandelblättchen und einige Butterflöckchen darüber verteilen.

5 Die Form auf ein Gitter auf der mittleren Schiene des Backofens geben und etwa 40 Minuten goldbraun backen. Wenn die Mandelblättchen zu stark bräunen, mit Alufolie abdecken.

6 Den Ofenschlupfer nach der Backzeit 10 Minuten im Backofen ruhen lassen, dann mit Puderzucker bestäuben und servieren. Dazu passt eine Vanillesauce.

Quarkauflauf

Ein Quarkauflauf ist zusammen mit einem Kompott eine vollwertige süße Mahlzeit. Das wussten auch unsere Großmütter, die ihre Enkel gern mit dem schnell zubereiteten Sattmacher verwöhnten. Besonders schnell geht es, wenn das selbst eingemachte Kompott auf einem Kellerregal bereitsteht, so wie zu Großmutters Zeiten.

FÜR 4 PERSONEN
ZUBEREITUNGSZEIT: 35 MINUTEN

250 g Quark (40 % Fett)

4 Eigelb

Abrieb von
1 unbehandelten Zitrone

150 g Crème double

2–3 EL Honig

2 Eiweiß

1 TL Zucker

Butter für die Form

1 Den Quark in einem Tuch gut ausdrücken und in einer Rührschüssel mit den Eigelben, Zitronenabrieb, Crème double und 2 EL Honig gut verrühren. Nach Belieben mit Honig nachsüßen.

2 Den Backofen auf 180 °C (Umluft) vorheizen.

3 Die 2 Eiweiße steif schlagen, dabei den Zucker einrieseln lassen. Den Eischnee vorsichtig unter die Quarkmasse heben. Die Quarkmasse in eine gebutterte Auflaufform füllen, mit Alufolie abdecken und 20–25 Minuten backen. Nach 15 Minuten die Alufolie entfernen, damit der Auflauf sich oberseits goldbraun färben kann. Dazu passt jede Art von Kompott.

Rostbraten

Der Rostbraten ist das Steak der Schwaben. Die Röstzwiebeln, eine Art Universalzutat der Schwäbischen Küche, dürfen dabei nicht fehlen. Die Fleischstücke sollten 180 g Gewicht haben und mindestens 1 ½ cm dick sein. Die besten Rostbraten werden aus dem Roastbeef am Übergang zur hohen Rippe geschnitten.

FÜR 4 PERSONEN
ZUBEREITUNGSZEIT: 30 MINUTEN

4 Scheiben Roastbeef (à 180 g)
2 Zwiebeln
400 ml Kalbsfond (alternativ Rinderfond)
Salz, frisch gemahlener weißer Pfeffer

2 EL Butterschmalz
1 EL Butter
1 TL Speisestärke
100 ml Lemberger
(alternativ trockener Rotwein)

1 Das Fleisch mindestens 30 Minuten vor der Zubereitung aus dem Kühlschrank nehmen. Den oberen Fettrand im Abstand von 2 cm mit einem scharfen Messer einschneiden.

2 Den Backofen auf 80 °C (Ober-/Unterhitze) vorheizen.

3 Die Zwiebeln abziehen, längs halbieren und in feine Scheiben schneiden. Den Fond aufkochen und auf die Hälfte reduzieren. Das Fleisch salzen und pfeffern.

4 Das Butterschmalz in einer Pfanne bei hoher Temperatur erhitzen, die Wärmezufuhr etwas reduzieren und das Fleisch auf beiden Seiten je 3 Minuten anbraten. Auf einen Teller geben und in den Backofen stellen.

5 Das Bratfett abgießen und die Butter in der Pfanne bei mittlerer Temperatur aufschäumen lassen. Die Zwiebeln darin goldbraun anrösten. Mit dem Fond ablöschen, die Temperatur erhöhen und die Zwiebeln weich garen. Die Speisestärke im Rotwein lösen und die Sauce binden.

6 Die Rostbraten aus dem Ofen nehmen und auf vorgewärmten Tellern anrichten. Den ausgetretenen Fleischsaft zur Sauce geben und unterrühren. Die Zwiebeln auf dem Fleisch anrichten, die Sauce außenherum träufeln und servieren. Zu Rostbraten passen Spätzle oder Röstkartoffeln, eine Scheibe frisches Holzofenbrot oder ein Salatteller.

Salzkuchen

Der Salzkuchen hat seinen Ursprung in der Backhaustradition. Man traf sich am Dorfbackhaus, um Brot zu backen. Während man den Ofen anheizte, bereitete man die dünnen Salzkuchen vor und buk sie in der ersten Hitze. Da Salzkuchen auch heute noch etwas für gesellige Runden ist, ist dieses Rezept für zwei rechteckige Backbleche und 8 bis 10 Esser bemessen. Ansonsten einfach die Mengen halbieren.

FÜR 8–10 PERSONEN
ZUBEREITUNGSZEIT: 50 MINUTEN
(INKL. TEIGRUHE)

MATERIAL
Küchenthermometer
2 Backbleche

FÜR DEN TEIG
350 ml Milch
500 g Weizenmehl (Type 550)
1 Würfel frische Hefe
10 g Salz
10 g Zucker
10 g Backmalz
(in Reformhäusern und
Onlineshops erhältlich)

75 g zimmerwarme Butter

FÜR DEN BELAG
600 g Crème fraîche (30 % Fett)
300 g Sauerrahm (10 % Fett)
4 Eier
Salz

Kümmelsamen
Schnittlauch, in Röllchen
(optional)

1 Für den Teig die Milch auf 30 °C erwärmen. Das Mehl in eine Rührschüssel sieben und eine Mulde in die Mitte drücken. Die Milch und die Hefe in einer Tasse verrühren und in die Mulde gießen. Die übrigen Zutaten für den Teig zufügen. Mit den Knethaken des Handrührgeräts bei mittlerer Geschwindigkeit etwa 8 Minuten zu einem mittelfesten, geschmeidigen Teig kneten. Die Schüssel mit einem Tuch abdecken und an einem warmen Ort 20 Minuten ruhen lassen.

2 Den Teig in 2 Hälften teilen und zu Kugeln formen. Abdecken und 10 Minuten ruhen lassen. Dann mit einem Wellholz auf einer bemehlten Arbeitsfläche eckig ausrollen, bis die Teigstücke die Größe der Backbleche haben.

3 Die Bleche mit Backpapier auslegen und den Teig darauf legen. Am Blechrand einen fingerbreiten Teigrand formen und festdrücken. Falls der Teig etwas schrumpft, kurz entspannen lassen und nochmals festdrücken.

4 Den Backofen auf 230 °C (Umluft) vorheizen.

5 Für den Belag die Crème fraîche, den Sauerrahm und die Eier in einer Schüssel verrühren und mit Salz abschmecken. Die Masse gleichmäßig auf dem Teig verteilen. Nach Belieben mit Kümmel und/oder Schnittlauch bestreuen. Die Salzkuchen 15-20 Minuten backen, bis der Belag zu bräunen beginnt.

Sauerbraten

Beim Sauerbraten, gelegentlich hört man auch Saurer Braten, kommen die in Spätzle mit Sauce verliebten Schwaben ganz auf ihre Kosten. Manche sagen, das Fleisch sei eigentlich nur nötig, damit eine ordentliche Sauce entsteht. Ein Stück aus der Rinderschulter, das sogenannte Bugblatt, ergibt den besten Sauerbraten. Auch die Hohe Rippe wird gerne verwendet. Allerdings zerfällt sie leicht und lässt sich kaum in schöne Bratenscheiben schneiden. Die Menge des Rezepts ist auf 6 bis 8 Portionen bemessen, denn nur ein größeres Bratenstück wird richtig gut. Eventuelle Reste lassen sich einfrieren.

FÜR 6–8 PERSONEN
ZUBEREITUNGSZEIT: 2 ½ STUNDEN
(+ 3 TAGE MARINIEREN)

1 ½ kg Rinderbraten aus dem Bug,
am besten vom Bugblatt

FÜR DIE BEIZE

2 Zwiebeln

1 Karotte

¼ Knolle Sellerie

1 ½ l Trollinger
(alternativ trockener Rotwein)

200 ml Rotweinessig

2–3 Lorbeerblätter

2 Gewürznelken

10 weiße Pfefferkörner, zerstoßen

10 Wacholderbeeren, zerstoßen

½ TL Senfkörner

Zucker

FÜR DEN BRATEN

Salz, frisch gemahlener weißer Pfeffer

2 EL Butterschmalz

1 EL Tomatenmark

250 ml Trollinger
(alternativ trockener Rotwein)

400 ml Rinderfond

150 g Crème fraîche

2 EL Speisestärke

Rotweinessig

1 Für die Beize die Röstgemüse waschen, putzen und grob würfeln. Den Rotwein und den Rotweinessig in einem Topf erhitzen und das Gemüse und die Gewürze dazugeben. Die Beize sollte mild säuerlich sein, nach Belieben mit einer Prise Zucker die Säure regulieren. Die Beize einmal aufkochen lassen, dann vom Herd nehmen und abkühlen lassen.

2 Das Fleisch in ein geeignetes Gefäß geben und die Beize darübergießen. Das Fleisch muss komplett von Flüssigkeit bedeckt sein. Bei Bedarf mit etwas Wasser aufgießen. An einem kühlen Ort 3 Tage durchziehen lassen. Dabei gelegentlich wenden.

3 Das Fleisch aus der Beize nehmen, abtropfen lassen und mit Küchenpapier abtupfen. Die Beize durch ein Sieb in eine Schüssel gießen und das Gemüse im Sieb abtropfen lassen. Den Braten mit Salz und Pfeffer einreiben.

4 Den Backofen auf 160 °C (Ober-/Unterhitze) vorheizen.

5 Für den Braten das Butterschmalz in einem Bräter bei hoher Temperatur erhitzen und das Fleisch von allen Seiten kurz anbraten. Herausnehmen und auf einen Teller geben.

6 Das Röstgemüse zugeben und kräftig anrösten. Nicht zu oft rühren, damit Röststoffe entstehen, die der Sauce Farbe geben. Das Tomatenmark an eine freie Stelle auf den Topfboden geben und mitrösten, bis es sich braun verfärbt. Unter Rühren mit dem Wein ablöschen und die Flüssigkeit fast komplett verdampfen lassen.

7 Dann den Fond angießen, mit einem Rührlöffel den Bodensatz im Topf gründlich ablösen und mit der Flüssigkeit verrühren. Das Fleisch wieder in den Bräter geben und mit der Beize aufgießen, sodass es zu zwei Drittel mit Flüssigkeit bedeckt ist. Den Bräter auf ein Gitter auf der mittleren Schiene des Ofens stellen, den Deckel auflegen und 1 Stunde schmoren.

8 Den Deckel abnehmen und 1 weitere Stunde schmoren, dabei ein- bis zweimal wenden. Dann eine Garprobe machen: Gleitet eine Fleischgabel leicht in den Braten und tritt nach dem Herausziehen klarer Saft aus, ist das Fleisch gar.

9 Den Braten aus dem Ofen nehmen, in Alufolie einwickeln und entspannen lassen. Die Sauce durch ein Sieb in einen Topf gießen, aufkochen lassen und nach Belieben etwas reduzieren. Dann mit Salz, Pfeffer, Wein und Essig mild säuerlich abschmecken und mit einem Schneebesen die Crème fraîche einrühren.

10 Die Speisestärke in etwas Wein auflösen und die Sauce sämig binden. Den Braten aus der Folie nehmen und aufschneiden. Den ausgetretenen Fleischsaft unter die Sauce rühren.

11 Auf vorgewärmten Tellern anrichten, die Sauce nochmals mit dem Schneebesen durchschlagen und über den Braten geben. Dazu passen – natürlich – Spätzle.

Saure Bohnen

Dieses Gericht ist für viele ältere Menschen eine Erinnerung an karge Zeiten. Erst in den 1950er-Jahren kam für die meisten Einwohner Württembergs regelmäßig Fleisch auf den Tisch. Heute sind Saure Bohnen eine Abwechslung auf dem Speiseplan und eine etwas andere Art, grüne Bohnen zu servieren. Basis ist die typisch schwäbische, braune, säuerlich abgeschmeckte Sauce.

FÜR 4 PERSONEN

ZUBEREITUNGSZEIT: 35 MINUTEN

600 g grüne Bohnen
3 Stängel Bohnenkraut
2 Zwiebeln
4 EL Butter

3 EL Weizenmehl (Type 405)
500 ml warme Fleischbrühe
(alternativ Kochwasser der Bohnen)

125 ml Lemberger
(alternativ trockener Rotwein)

Rotweinessig, Zucker, Salz,
frisch gemahlener weißer Pfeffer

1 Von den Bohnen die Enden abschnippeln, eventuelle Fäden abziehen und halbieren.

2 Die Bohnen mit dem Bohnenkraut in leicht gesalzenem Wasser etwa 5 Minuten bissfest kochen. Durch ein Sieb abseihen und abtropfen lassen. (Wenn Kochwasser statt Fleischbrühe verwendet werden soll, beim Abseihen eine Schüssel unterstellen.)

3 Die Zwiebeln abziehen und fein würfeln. 1 EL Butter in einem großen Topf bei mittlerer Temperatur erhitzen und die Zwiebeln darin glasig anschwitzen. Die restliche Butter zugeben und schmelzen lassen. Das Mehl zufügen, mit der Butter verrühren und bei kräftiger Wärmezufuhr mittel- bis dunkelbraun anrösten.

4 250 ml Brühe (oder Kochwasser) angießen und die Mehlschwitze glatt rühren. Die restliche Brühe (oder Kochwasser) zugeben und erneut glatt rühren. Aufkochen lassen, den Rotwein zugießen und die Sauce bei niedriger Temperatur 15–20 Minuten köcheln lassen, bis sie sämig ist. Gelegentlich rühren, damit sich kein Mehl am Topfboden ansetzt.

5 Die Bohnen zugeben, in der Sauce erwärmen und mit Essig, Zucker, Salz und Pfeffer mild säuerlich abschmecken. Mit Spätzle (Seite 102) oder Hefeknöpfle (Seite 36) serviert, sind Saure Bohnen eine fleischlose, komplette Mahlzeit.

Saure Kartoffelrädle

An diesem Gericht scheiden sich wie auch an den Sauren Bohnen von Seite 92 die Geister. Für viele ältere Menschen schmecken sie nach Kriegs- und Notzeit. Andere und viele Nachgeborene finden das fleischlose Gericht originell, typisch schwäbisch und lecker.

FÜR 4 PERSONEN
ZUBEREITUNGSZEIT: 45 MINUTEN

800 g festkochende Kartoffeln
(z. B. Sieglinde oder Linda)

2 Zwiebeln

4 EL Butter

100 g Bauchspeck (optional)

3 EL Weizenmehl (Type 405)

400 ml warme Fleischbrühe

125 ml Lemberger
(alternativ trockener Rotwein)

Salz, frisch gemahlener weißer Pfeffer,
Rotweinessig

Zucker (optional)

1 Die Kartoffeln schälen und in 5 mm dicke Scheiben schneiden. Die Kartoffeln in leicht gesalzenem Wasser etwa 20 Minuten bissfest garen, nicht weich kochen. Mehrfach mit einem Küchenmesser die Konsistenz prüfen. Dann das Wasser abgießen und die Kartoffeln mit einem Deckel bedeckt in einem Sieb gut abtropfen lassen.

2 Die Zwiebeln abziehen und fein würfeln. 1 EL Butter in einem flachen Topf bei mittlerer Temperatur erhitzen und die Zwiebeln und nach Belieben den Bauchspeck darin glasig anschwitzen. Die restliche Butter zugeben und schmelzen lassen. Das Mehl zufügen, mit der Butter verrühren und bei kräftiger Wärmezufuhr mittel- bis dunkelbraun anrösten.

3 250 ml Brühe angießen und die Mehlschwitze glatt rühren. Die restliche Brühe zugießen und erneut glatt rühren. Aufkochen lassen, den Rotwein zugießen, und die Sauce 15–20 Minuten bei niedriger Temperatur köcheln lassen, bis sie sämig ist. Gelegentlich rühren, damit sich kein Mehl am Topfboden ansetzt. Mit Salz, Pfeffer und Essig mild säuerlich abschmecken. Nach Belieben die Säure mit einer Prise Zucker regulieren.

4 In der Zwischenzeit den Backofen auf 150 °C (Ober-/Unterhitze) vorheizen.

5 Die Kartoffelrädle wie ein Gratin in eine Auflaufform schichten, die Sauce zugießen und im Ofen 5 Minuten erwärmen. Nach Belieben mit einem grünen Salat servieren.

Saure Kutteln

Kutteln waren in vielen kulinarischen Regionen das Fleisch der armen Leute, während sich die Herren an den besseren Fleischstücken gütlich taten. Im Schwäbischen werden sie – wie könnte es anders sein – sauer zubereitet, was ihnen nebenbei ein wenig vom intensiven Aroma nimmt. Wer es ganz gut machen möchte, kauft keine vorgeschnittenen und gebleichten Kutteln aus der Bedientheke, sondern lässt sie sich vom Metzger am Stück geben, schneidet sie in der Küche schön zurecht und kocht sie vor. Am feinsten sind sie vom Kalb.

FÜR 4 PERSONEN
ZUBEREITUNGSZEIT: 2 ½ STUNDEN

800 g Kutteln

3 Zwiebeln

2 Gewürznelken

3 Lorbeerblätter

4 EL Butter

3 EL Weizenmehl (Type 405)

1 EL Tomatenmark

750 ml warme Fleischbrühe

125 ml Lemberger
(alternativ trockener Rotwein)

8 Wacholderbeeren

4 Pimentkörner

1 Zweig Thymian

4 cm Zesten + etwas Abrieb von
1 unbehandelten Zitrone

Rotweinessig, Zucker, Salz,
frisch gemahlener weißer Pfeffer

1   Die Kutteln in feine Streifen schneiden. 1 Zwiebel abziehen und mit den Gewürznelken und 1 Lorbeerblatt spicken. Leicht gesalzenes Wasser mit einem guten Schuss Essig in einem großen Topf aufkochen und die Kutteln mit der Zwiebel bei mittlerer Temperatur 1 Stunde köcheln lassen. Die Zwiebel entfernen, die Kutteln in ein Sieb abgießen und gut abspülen.

2   Die übrigen Zwiebeln abziehen und fein würfeln. 1 EL Butter in einem großen Topf bei mittlerer Temperatur erhitzen und die Zwiebeln darin glasig anschwitzen. Die restliche Butter zugeben und schmelzen lassen. Das Mehl zufügen, mit der Butter verrühren und bei kräftiger Wärmezufuhr mittel- bis dunkelbraun anrösten. Das Tomatenmark mitanrösten, was der Sauce Farbe gibt.

3   250 ml Brühe angießen und die Mehlschwitze glatt rühren. Die restliche Brühe zugeben und erneut glatt rühren. Aufkochen lassen, den Rotwein zugießen, und die Sauce bei niedriger Temperatur 15–20 Minuten köcheln lassen, bis sie sämig ist. Gelegentlich rühren, damit sich kein Mehl am Topfboden ansetzt.

4   Die Kutteln zur Sauce geben und bei niedriger Temperatur etwa 1 Stunde köcheln lassen, bis sie weich sind. Die übrigen Gewürze in ein Tee-Ei oder einen Papierfilter geben und 30 Minuten vor Ende der Kochzeit zugeben.

5   Die Gewürze entfernen und die Kutteln mit dem Zitronenabrieb, Essig, Zucker, Salz und Pfeffer mild säuerlich abschmecken. Dazu passen Röstkartoffeln oder frisches Holzofenbrot.

Schottosauce & Vanillesauce

Diese zwei Dessertsaucen passen perfekt zu den Süßspeisen dieses Buchs. Schottosauce ist eine schwäbische Verballhornung des frankophonen Begriffs „chaude eau", also heißes Wasser: wegen des Wasserbades, über dem die Sauce cremig geschlagen wird. Im Französischen nennt man diese Zubereitung Sabayon. Die Schottosauce passt sehr gut zu den Nonnenfürzle von Seite 76, die Vanillesauce zu Dampfnudeln (Seite 10) und Ofenschlupfer (Seite 78).

SCHOTTOSAUCE

FÜR 4 PERSONEN
ZUBEREITUNGSZEIT: 10 MINUTEN

50 g Zucker
3 Eigelb
100 ml trockener Weißwein
20 ml Cognac oder anderer Weinbrand

Alle Zutaten in einer Rührschüssel mit dem Schneebesen verrühren und über einem Wasserbad bei mittlerer Temperatur dickschaumig aufschlagen (aber nicht kochen!). Schon fertig.

VANILLESAUCE

FÜR 4 PERSONEN
ZUBEREITUNGSZEIT: 20 MINUTEN

500 ml Milch
3 Eigelb
70 g Zucker
1 Vanilleschote

1   Die Vanilleschote auskratzen, das Mark zusammen mit der Milch in einem Topf aufkochen, vom Herd nehmen und 10 Minuten ziehen lassen.

2   Die Eigelbe mit dem Zucker in einer Rührschüssel schaumig schlagen. Die abgekühlte, lauwarme Milch durch ein Sieb in die Rührschüssel gießen und die Masse bei mittlerer Temperatur über einem Wasserbad mit dem Schneebesen zu einer zähflüssigen Sauce aufschlagen. Mit ein bisschen Übung gelingt diese Sauce leicht.

Spätzle & Kässpätzle

In der Schwäbischen Küche spielen frische, hausgemachte Teigwaren eine zentrale Rolle. Man verwendet ein spezielles Spätzlemehl, Dunst genannt, welches gröber als übliches Haushaltsmehl, aber feiner als Grieß ist. Mit einer Spätzlepresse oder -hobel kommt man schnell zum gewünschten Resultat, doch der wahre Stolz der Schwäbischen Küche sind handgeschabte Spätzle mit Spätzlebrett und Schaber. Spätzle sind die Beilage Nummer eins zu Saucengerichten. Als Kässpätzle serviert, sind sie eine vollwertige, fleischlose Mahlzeit.

SPÄTZLE ALS BEILAGE

FÜR 4 PERSONEN
ZUBEREITUNGSZEIT: 35 MINUTEN

200 g Spätzlemehl (Dunst)
3–4 Eier
Salz
1 EL Butter

MATERIAL
Spätzlebrett und -schaber

1 Das Spätzlemehl, 3 Eier und 1 Prise Salz in eine Schüssel geben und mit einem Rührlöffel erst rühren, dann schlagen, bis der Teig Blasen wirft. Wenn der Teig zäh und klebrig ist und sich nur schwer vom Löffel löst, hat er die richtige Konsistenz. Ist der Teig zu trocken, 1 weiteres Ei zufügen. Bei kleineren Eiern eventuell etwas Wasser zugeben. Der Teig lässt sich auch mit den Knethaken eines Handrührgeräts anrühren. Den Teig 20 Minuten ruhen lassen und kurz vor dem Schaben noch einmal gut durchrühren.

2 In einem großen Topf reichlich gesalzenes Wasser zum Kochen bringen. Die Temperatur so regulieren, dass das Wasser nur leicht köchelt.

3 Das Spätzlebrett mit Kochwasser befeuchten und einen faustgroßen Klecks Teig darauf geben. Den Teig mit dem ebenfalls befeuchteten Spätzleschaber vom vorderen Rand her möglichst dünn ins Kochwasser schaben. Die Spätzle 2–3 Minuten garen, bis sie an die Wasseroberfläche steigen. Mit einem Schaumlöffel herausnehmen, in ein Sieb geben und abtropfen lassen.

4 Die Butter in einer Pfanne erhitzen und die Spätzle kurz darin schwenken. Das verleiht ihnen einen schönen Glanz und ein feines Aroma.

KÄSSPÄTZLE

FÜR 4 PERSONEN
ZUBEREITUNGSZEIT: 50 MINUTEN

400 g Spätzlemehl (Dunst)

6–7 Eier

Salz

300 g Allgäuer Emmentaler
(alternativ Allgäuer Bergkäse)

3 Zwiebeln

etwas Butter für die Form

1 EL Butterschmalz

1   Spätzle wie auf Seite 102 beschrieben zubereiten.

2   Den Backofen auf 180 °C (Ober-/Unterhitze) vorheizen.

3   Den Käse reiben. Die Zwiebeln abziehen, längs halbieren und in feine Streifen schneiden.

4   Das Butterschmalz in einer Pfanne erhitzen und die Zwiebeln darin goldbraun rösten.

5   Eine Lage Spätzle in eine gebutterte Auflaufform geben und ein Drittel des Käses darauf verteilen. Eine Lage Spätzle, Käse, wieder Spätzle in die Form schichten. Obenauf die Zwiebeln und den restlichen Käse verteilen und die Form für 10–15 Minuten in den Backofen geben, bis die oberste Käseschicht zerlaufen und goldbraun ist.

6   Pur oder nach Belieben mit einem Salat serviert genießen.

Wurstspatzen

Ein weiteres Paradebeispiel für den Charakter der Schwäbischen Küche: Das Rezept ist einfach, die Zutaten nicht teuer, und man kann das gleiche Gericht auf unterschiedliche Art auf den Tisch bringen. Ähnlich wie Maultaschen serviert man Wurstspatzen in der Brühe mit Röstzwiebeln oder in Butter geschwenkt aus der Pfanne. In der kalten Jahreszeit ergeben sie zusammen mit Sauerkraut eine kräftige Mahlzeit.

FÜR 4 PERSONEN
ZUBEREITUNGSZEIT: 1 STUNDE

400 g Spätzlemehl (Dunst)
6–7 Eier
Salz

1 Stange Lauch
2 altbackene Brötchen
250 g Wurst
(Fleischwurst, Schinkenwurst o. Ä.)
3 EL Butter
1 EL Petersilie, fein gehackt
frisch gemahlener weißer Pfeffer, Muskat

1   Spätzleteig wie auf Seite 102 beschrieben zubereiten.

2   Den Lauch waschen, das Weiße und das Hellgrüne in feine Streifen und dann in 1 cm lange Stücke schneiden. Die Brötchen und die Wurst fein würfeln.

3   Die Brötchenwürfel in einer Pfanne ohne Fett leicht rösten, herausnehmen und abkühlen lassen. 1 EL Butter in der Pfanne erhitzen, den Lauch darin anschwitzen, die Petersilie zugeben und kurz mitschwitzen. Herausnehmen und abkühlen lassen.

4   Wurst, Brötchen, Lauch und Petersilie unter den Spätzleteig mischen und mit Salz, Pfeffer und Muskat abschmecken.

5   In einem großen Topf Wasser zum Kochen bringen und kräftig salzen. Währenddessen mit zwei befeuchteten Esslöffeln Teigklößchen formen und auf einen befeuchteten Teller geben. Die Klößchen in das Wasser geben, einmal aufkochen lassen, dann die Temperatur reduzieren und in siedendem Wasser 20 Minuten gar ziehen. Die restliche Butter in einer Pfanne erhitzen und die Wurstspatzen kurz darin schwenken.

6   Zu den Spatzen passt grüner Salat oder Kartoffelsalat. Mit Bratensauce schmecken sie besonders gut. Übrig gebliebene Spatzen am Folgetag in kräftiger Fleischbrühe erwärmen und mit Röstzwiebeln servieren.

Zwiebelkuchen

Ab Ende August und bis in den Oktober werden im Ländle Zwiebeln geerntet. So ist der Zwiebelkuchen zu einem schwäbischen Herbstgericht geworden. Frische Zwiebeln sind leichter verdaulich als Lagerzwiebeln, weshalb man sie in größeren Mengen verzehren kann.

FÜR 4–6 PERSONEN
ZUBEREITUNGSZEIT:
1 STUNDE 20 MINUTEN
(INKL. TEIGRUHE)

MATERIAL

Backform (Ø 26 cm)

FÜR DEN TEIG

300 g Weizenmehl (Type 405)
160 ml lauwarme Milch
30 g frische Hefe
50 g zimmerwarme Butter
½ TL Salz
½ TL Zucker

FÜR DEN BELAG

10 Zwiebeln
2 EL Schweine- oder Butterschmalz
Kümmelsamen (optional)
2 Eier
200 g Crème fraîche
1 EL Weizenmehl (Type 405)
Salz, frisch gemahlener weißer Pfeffer
50 g geräucherter Bauchspeck,
fein gewürfelt

1 Für den Teig das Mehl in eine Rührschüssel sieben und eine Mulde in die Mitte drücken. Die Milch und die Hefe in einer Tasse verrühren und in die Mulde gießen. Butter, Salz und Zucker zufügen. Mit den Knethaken des Handrührgeräts zu einem glatten, geschmeidigen Teig kneten. Die Schüssel mit einem Tuch abdecken und an einem warmen Ort 30 Minuten ruhen lassen.

2 Den Teig gründlich durchkneten, abdecken und 10 Minuten ruhen lassen. Dann mit einem Wellholz auf einer bemehlten Arbeitsfläche rund ausrollen, bis er die Größe der Backform hat, und in die Form legen.

3 Den Backofen auf 200 °C (Ober-/Unterhitze) vorheizen.

4 Für den Belag die Zwiebeln abziehen, längs halbieren und in feine Scheiben schneiden. Das Schmalz in einem Topf erhitzen und die Zwiebeln darin anschwitzen, ohne dass sie Farbe nehmen. Nach Belieben ½ TL Kümmel mitschwitzen. Abkühlen lassen.

5 Die Eier trennen. Die Eigelbe mit der Crème fraîche, dem Mehl und einer Prise Salz glatt rühren. Die Eiweiße steif schlagen und unter die Masse heben. Die Zwiebeln unterrühren und mit Salz und Pfeffer abschmecken. Gleichmäßig auf dem Kuchenboden verstreichen.

6 Mit dem Bauchspeck und nach Belieben mit Kümmel bestreuen und 35–40 Minuten backen, bis der Belag leicht goldbraun wird. 10 Minuten vor Ende der Backzeit den Ofen auf Unterhitze stellen, damit der Boden fest und schön knusprig wird. In der Schwäbischen Küche wird Zwiebelkuchen von neuem Wein begleitet, doch auch ein Bier passt sehr gut.

Impressum

Sollte dieses Werk Links auf Webseiten Dritter enthalten, so machen wir uns die Inhalte nicht zu eigen und übernehmen für die Inhalte keine Haftung.

1. Auflage 2019

© 2019 by Silberburg-Verlag GmbH,
Schweickhardtstraße 5a, D-72072 Tübingen.
Alle Rechte vorbehalten.

ISBN 978-3-8425-2184-1

Produktmanagement: Silke Schüler, München.
Umschlaggestaltung: Silke Schüler, München,
unter Verwendung eines Fotos von © Food Impressions – Shutterstock.
Layout & Satz: Silke Schüler, München.
Lektorat: Silke Schüler, München.
Korrektorat: Susanne Langer-Joffroy, München.
Text: Jochen Fischer, Korb.

Printed in Slovenia by Florjancic.

Ihre Meinung ist wichtig für unsere Verlagsarbeit.
Senden Sie uns Ihre Kritik und Anregungen an
meinung@silberburg.de

Besuchen Sie uns im Internet und entdecken Sie die Vielfalt
unseres Verlagsprogramms: www.silberburg.de